PO CREATION

GAGNER DE L'ARGENT AVEC L'INTELLIGENCE ARTIFICIELLE

VOTRE GUIDE POUR SAISIR LES OPPORTUNITÉS DU FUTUR

2023
PO CREATION

GAGNEZ DE L'ARGENT AVEC L'INTELLIGENCE ARTIFICIELLE

SOMMAIRE

Chapitre 1 Introduction à l'IA et ses Possibilités de Revenus ...7

Chapitre 2 L'IA au Service du Marketing et des Ventes 12

Chapitre 3 Monétiser vos Connaissances en Ligne 16

Chapitre 4 Trading Automatisé et Investissement 20

Chapitre 5 Création de Contenu Automatisée 25

Chapitre 6 Entrepreneuriat et Démarrage d'Entreprise 29

Chapitre 7 Perspectives d'Avenir et Éthique 33

Avant-Propos

Cher lecteur,

Bienvenue dans le monde fascinant de l'intelligence artificielle (IA) et de ses innombrables possibilités pour façonner l'avenir de votre carrière et de vos revenus. Dans un monde en constante évolution, où la technologie transforme nos façons de travailler, de créer et de communiquer, il est essentiel de comprendre et de capitaliser sur le potentiel de l'IA.

Cet e-book a été créé pour vous guider à travers le paysage passionnant de l'IA et vous montrer comment cette technologie révolutionnaire peut être un catalyseur pour vos objectifs financiers. De la création de contenu automatisée à la monétisation de vos compétences, en passant par l'exploration des marchés financiers et l'entrepreneuriat centré sur l'IA, nous allons explorer ensemble les opportunités qui vous attendent.

L'IA est bien plus qu'une simple tendance technologique. C'est une révolution qui ouvre la porte à de nouvelles avenues de croissance personnelle et professionnelle. Dans ces pages, nous vous invitons à découvrir des exemples concrets, des conseils pratiques et des perspectives éclairées pour exploiter le pouvoir de l'IA et transformer vos aspirations en réalité.

Nous vous encourageons à aborder ce guide avec curiosité, à prendre des notes, et surtout à appliquer les connaissances que vous acquerrez. Que vous soyez un entrepreneur en herbe, un professionnel expérimenté ou simplement quelqu'un qui souhaite explorer les opportunités offertes par l'IA, ce guide a été conçu pour vous offrir des idées et des outils concrets.

Gagner de l'argent avec l'intelligence artificielle est à la fois une aventure stimulante et un défi passionnant. Tout au long de ce voyage, nous aborderons également les aspects éthiques pour garantir que votre utilisation de l'IA est non seulement lucrative, mais aussi responsable et respectueuse des valeurs humaines.

Nous sommes ravis de vous accompagner dans cette exploration. Préparez-vous à plonger dans un monde d'opportunités en constante évolution, où la combinaison de votre expertise et du potentiel de l'IA peut ouvrir des portes que vous n'auriez jamais imaginées. Le futur vous attend, et il est temps de saisir les opportunités qu'il offre.

Bienvenue dans ce voyage vers un avenir enrichissant grâce à l'intelligence artificielle.

Cordialement, Patrice ODOULAMI

Introduction

L'intelligence artificielle (IA) émerge rapidement comme l'une des forces les plus transformatrices du monde moderne. Son influence s'étend bien au-delà des laboratoires technologiques, affectant de manière significative la façon dont les entreprises fonctionnent et interagissent avec leur environnement. Dans ce contexte dynamique, comprendre l'IA et ses multiples facettes devient non seulement un avantage concurrentiel, mais aussi une nécessité pour saisir les opportunités qu'elle offre.

Dans un monde où les industries évoluent à un rythme effréné, l'IA est à la fois un partenaire et un catalyseur de progrès. Elle façonne la manière dont les produits sont conçus, les services sont livrés et les décisions sont prises. Des chatbots conversationnels aux systèmes de recommandation personnalisée, en passant par les algorithmes de trading automatisé, l'IA a réussi à infiltrer presque tous les domaines de notre quotidien. Cela soulève une question fondamentale : Comment pouvons-nous non seulement tirer parti de l'IA, mais aussi la mettre au service de notre réussite financière personnelle ?

C'est là que réside l'objectif de ce guide. Dans cet ebook, nous explorerons de manière détaillée comment vous pouvez exploiter le pouvoir de l'IA pour générer des revenus significatifs. Notre approche va au-delà des concepts théoriques pour se plonger dans des exemples concrets, des conseils pratiques et des ressources essentielles. En abordant des domaines tels que le marketing, l'investissement, la création de contenu, l'entrepreneuriat et bien plus encore, nous vous guiderons à travers les opportunités réelles que l'IA offre à ceux qui sont prêts à explorer ses horizons.

Cependant, il est important de reconnaître que l'IA n'est pas sans ses défis et ses dilemmes éthiques. Tout au long de ce guide, nous nous engageons à aborder ces aspects cruciaux et à souligner la nécessité d'une approche équilibrée. Alors que les opportunités abondent, il est tout aussi essentiel d'être conscient des risques potentiels et des considérations éthiques.

Préparez-vous à plonger dans le monde passionnant de l'IA et à découvrir comment vous pouvez exploiter son potentiel pour générer des revenus de manière innovante. Avec des exemples du monde réel, des astuces pragmatiques et une perspective réfléchie sur les avantages et les défis, nous vous aiderons à naviguer dans cette ère de transformation technologique. En avant pour explorer comment l'intelligence artificielle peut non seulement changer nos vies, mais aussi notre façon de gagner de l'argent.

Introduction à l'IA et ses Possibilités de Revenus

Section 1 : Les bases de l'IA et comment elle crée des opportunités de revenus

L'intelligence artificielle, ou IA, est un domaine de la technologie qui cherche à créer des machines capables de penser, d'apprendre et d'agir de manière intelligente, semblable à un être humain. L'IA repose sur l'idée de simuler l'intelligence humaine au travers de systèmes informatiques. Ces systèmes peuvent être formés pour accomplir des tâches spécifiques en utilisant des algorithmes sophistiqués et l'apprentissage automatique.

L'IA crée des opportunités de revenus en transformant la façon dont nous abordons les défis commerciaux et les activités quotidiennes. Elle introduit de nouvelles méthodes pour résoudre des problèmes complexes, pour interpréter des données massives et pour automatiser des processus fastidieux. Grâce à l'IA, des entreprises peuvent réaliser des gains d'efficacité, optimiser leurs opérations et développer des solutions novatrices.

Prenons un exemple simple : les chatbots.

Les chatbots sont des programmes informatiques dotés de l'IA qui peuvent interagir avec les utilisateurs de manière conversationnelle. Ces chatbots sont utilisés pour fournir un service client instantané, répondre aux questions des clients et même réaliser des transactions. Ils permettent aux entreprises de fournir un service 24 heures sur 24, 7 jours sur 7, sans nécessiter une intervention humaine constante. Cela non seulement améliore l'expérience client, mais peut également réduire les coûts opérationnels.

En fournissant des solutions automatisées et intelligentes, l'IA peut libérer du temps et des ressources précieuses pour les entreprises et les individus. Les économies réalisées grâce à l'automatisation et à l'optimisation des processus peuvent être réinvesties dans des projets stratégiques ou dans la création de nouvelles opportunités commerciales. Cette transformation peut engendrer des revenus accrus et ouvrir des portes vers des marchés jusqu'alors inaccessibles.

Tout au long de cet ebook, nous explorerons des exemples concrets et des stratégies pratiques pour utiliser l'IA en vue de générer des revenus. Nous discuterons également des enjeux éthiques qui accompagnent cette transformation, tout en mettant en avant les réelles opportunités et les défis potentiels qui découlent de l'utilisation de l'IA pour générer des revenus. Préparez-vous à plonger dans ce passionnant voyage à travers les possibilités que l'IA offre pour façonner votre avenir financier.

En avançant, plongeons dans la section à venir qui offrira un aperçu approfondi des domaines où l'IA est déjà à l'œuvre pour générer des revenus. Nous explorerons comment l'IA fait déjà évoluer notre vie quotidienne, allant de la maison intelligente aux applications de santé, et comment ces avancées se traduisent par des opportunités concrètes de revenus.

Section 2 : Un Aperçu des Domaines dans lesquels l'IA est déjà utilisée pour générer des Revenus

L'intelligence artificielle a fait une entrée remarquée dans divers domaines, créant des opportunités de revenus dans des secteurs autrefois inimaginables. En comprenant comment l'IA est appliquée dans ces domaines, vous pouvez non seulement saisir des opportunités, mais aussi façonner votre propre avenir financier.

1. Marketing et Personnalisation : Les entreprises utilisent l'IA pour analyser les comportements des consommateurs, ce qui leur permet de créer des campagnes publicitaires ciblées et personnalisées. Les algorithmes d'apprentissage automatique analysent les données pour identifier les préférences et les tendances, permettant ainsi aux entreprises de cibler leurs publicités de manière plus précise. Par exemple, Amazon utilise l'IA pour recommander des produits aux clients en fonction de leurs achats précédents et de leurs comportements de navigation.

2. Finance et Investissement : L'IA est largement utilisée dans le secteur financier pour l'analyse des données et la prise de décision. Les algorithmes d'apprentissage automatique peuvent identifier des tendances et des modèles dans les marchés financiers, aidant ainsi les traders à prendre des décisions éclairées. Les chatbots d'investissement automatisés utilisent l'IA pour gérer les portefeuilles et effectuer des transactions au nom des investisseurs.

3. Santé et Soins de Santé : L'IA a révolutionné le domaine de la santé en permettant l'analyse rapide et précise de grandes quantités de données médicales. Les médecins peuvent utiliser des systèmes d'IA pour diagnostiquer des maladies, prévoir les épidémies et personnaliser les traitements. Les applications de télémédecine basées sur l'IA permettent également des consultations à distance et des diagnostics plus rapides.

4. Commerce en Ligne : Les plateformes de commerce électronique utilisent l'IA pour améliorer l'expérience d'achat en ligne. Les chatbots d'assistance virtuelle aident les clients à naviguer dans les sites web, répondent à leurs questions et facilitent le processus d'achat. De plus, l'IA est utilisée pour prédire les tendances de vente, ce qui peut aider les entreprises à gérer les stocks et à anticiper les demandes des clients.

5. Fabrication et Logistique : Les usines automatisées utilisent l'IA pour optimiser la production en ajustant les processus en temps réel. Les algorithmes d'IA peuvent analyser les données de la chaîne d'approvisionnement pour minimiser les coûts et optimiser la distribution des produits. Les véhicules autonomes dans la logistique et la livraison sont également alimentés par des systèmes d'IA.

Ces exemples illustrent comment l'IA est déjà profondément intégrée dans notre société et nos entreprises, créant de nouvelles façons de générer des revenus. Dans cet ebook, nous allons plonger plus profondément dans chaque domaine, fournissant des exemples concrets, des stratégies pratiques et des ressources pour vous aider à exploiter ces opportunités de manière intelligente et éthique. Tout en explorant les avantages, nous n'omettrons pas de discuter des défis potentiels afin de vous préparer à naviguer dans ce paysage dynamique avec clairvoyance.

À mesure que nous clôturons ce premier chapitre, préparez-vous à plonger dans le prochain, où nous explorerons en profondeur comment l'IA a transformé le paysage du marketing et des ventes, offrant de nouvelles perspectives aux individus et aux entreprises qui aspirent à prospérer dans un monde en constante évolution. Dans le chapitre suivant, intitulé 'L'IA au Service du Marketing et des Ventes', nous plongerons dans les détails de la façon dont l'IA redéfinit la manière dont les entreprises interagissent avec leurs clients et captivent leur audience.

L'IA au Service du Marketing et des Ventes

Section 1 : Explorez comment l'IA peut optimiser les campagnes de marketing, la personnalisation des offres, la prévision des tendances et l'automatisation des ventes

L'union entre l'intelligence artificielle et le marketing moderne a donné naissance à une transformation spectaculaire dans la manière dont les entreprises interagissent avec leur public. Les possibilités offertes par l'IA dans ce domaine sont aussi vastes que captivantes, ouvrant de nouvelles avenues pour cibler, engager et convertir les clients d'une manière plus efficace et plus personnalisée que jamais.

Optimisation des Campagnes de Marketing : L'IA permet aux spécialistes du marketing d'optimiser leurs campagnes à un niveau incroyablement détaillé. Les algorithmes d'apprentissage automatique analysent en temps réel les données des campagnes précédentes, identifiant les schémas de comportement des consommateurs et ajustant les paramètres pour maximiser les résultats. Cela signifie des publicités plus ciblées, des budgets mieux gérés et des retours sur investissement améliorés.

Personnalisation des Offres : L'IA révolutionne la personnalisation des offres en analysant les préférences, les comportements d'achat et même les interactions passées des clients. Grâce à ces informations, les entreprises peuvent proposer des produits et des offres sur mesure pour chaque individu. Les recommandations personnalisées basées sur l'IA augmentent les chances de conversion en fournissant des suggestions pertinentes qui répondent aux besoins spécifiques des clients.

Prévision des Tendances : L'IA excelle dans l'analyse de grandes quantités de données pour repérer les tendances émergentes. Les entreprises utilisent cette capacité pour anticiper les changements dans les préférences des consommateurs, les tendances du marché et les mouvements de la concurrence. En exploitant ces informations, elles peuvent ajuster leurs stratégies de marketing et de vente en conséquence, restant ainsi en avance sur le jeu.

Automatisation des Ventes : L'automatisation des ventes grâce à l'IA simplifie les processus de conversion. Des chatbots intelligents peuvent gérer les demandes des clients en temps réel, les guider à travers le processus d'achat et répondre à leurs questions. Cela permet aux équipes de vente de se concentrer sur des tâches à plus forte valeur ajoutée tout en garantissant une expérience client continue.

Dans cet ebook, nous irons au-delà des concepts pour vous présenter des exemples concrets d'entreprises qui ont exploité avec succès l'IA pour optimiser leurs campagnes de marketing, personnaliser leurs offres, prévoir les tendances et automatiser leurs ventes. Nous vous fournirons également des conseils pratiques pour intégrer l'IA dans vos propres efforts de marketing et de vente, tout en mettant en lumière les considérations éthiques et les défis potentiels à prendre en compte.

En poursuivant notre exploration des applications de l'intelligence artificielle dans le domaine du marketing et des ventes, passons maintenant à la section suivante, où nous plongerons dans des exemples concrets de la manière dont les entreprises utilisent l'IA pour augmenter leurs revenus, en adoptant des approches innovantes et des stratégies gagnantes.

Section 2 : Des Exemples Concrets de la Manière dont les Entreprises Utilisent l'IA pour Augmenter leurs Revenus

Pour saisir l'impact tangible de l'intelligence artificielle dans le domaine du marketing et des ventes, il suffit de regarder les entreprises qui ont adopté ces technologies avec succès. Des géants de l'industrie aux startups agiles, de nombreuses organisations ont transformé leurs opérations et ont vu leurs revenus augmenter grâce à des stratégies intelligentes axées sur l'IA.

Exemple 1 : Netflix et la Recommandation Personnalisée : Le succès de Netflix en tant que plateforme de streaming ne repose pas uniquement sur son contenu, mais aussi sur son utilisation avisée de l'IA. L'algorithme de recommandation de Netflix analyse les préférences de visionnage de chaque utilisateur, ainsi que les habitudes de visionnage similaires parmi les abonnés. En utilisant ces données, Netflix présente des suggestions personnalisées qui gardent les utilisateurs engagés et encourage les abonnés à explorer de nouveaux contenus. Résultat : une expérience utilisateur améliorée, une fidélisation accrue et des abonnements qui continuent à croître.

Exemple 2 : Amazon et la Logistique Prédictive : Amazon exploite l'IA pour optimiser sa chaîne d'approvisionnement et sa logistique. En utilisant des algorithmes de machine learning, Amazon peut prédire les produits qui seront les plus demandés dans différents entrepôts, à différents moments. Cela lui permet de réduire les délais de livraison, de gérer les stocks de manière plus efficace et de garantir que les produits populaires sont toujours disponibles pour les clients. Cette stratégie assure une meilleure satisfaction des clients et un flux de revenus constant pour l'entreprise.

Exemple 3 : Starbucks et la Personnalisation des Offres : Starbucks utilise l'IA pour personnaliser les offres et les promotions pour ses clients. Grâce à l'analyse des habitudes d'achat et des préférences des clients, Starbucks peut envoyer des offres spécifiques à chaque personne via son application mobile. Par exemple, si un client achète régulièrement des boissons à base de lait d'amande, Starbucks peut lui offrir des promotions sur ces produits. Cette approche ciblée renforce la fidélité des clients et stimule les ventes.

Exemple 4 : Salesforce et l'Automatisation des Ventes : Salesforce, une plateforme de gestion de la relation client (CRM), a intégré l'IA dans son système pour aider les équipes de vente à prioriser leurs prospects et à personnaliser leurs interactions. L'IA analyse les interactions passées avec les clients, les signaux d'achat potentiels et les modèles de réussite des ventes pour recommander les prochaines étapes les plus efficaces. Cela conduit à une amélioration de l'efficacité de la vente et à une augmentation des conversions.

Exemple 5 : Spotify et la Création de Playlists Personnalisées : Spotify utilise l'IA pour créer des playlists personnalisées pour chaque utilisateur, basées sur leurs goûts musicaux et leurs habitudes d'écoute. Grâce à l'analyse de données massives, Spotify peut anticiper les chansons qui plairont à chaque auditeur et organiser des listes de lecture qui correspondent à leurs préférences. Cette personnalisation incite les utilisateurs à rester actifs sur la plateforme, augmentant ainsi le temps d'écoute et les abonnements.

Ces exemples illustrent comment l'intelligence artificielle ne se limite pas à une simple tendance, mais plutôt à une stratégie puissante et efficace pour augmenter les revenus des entreprises. Dans cet ebook, nous continuerons à explorer des cas réels et des études de cas pour montrer comment vous pouvez appliquer ces stratégies à votre propre entreprise. Nous mettrons également en avant les leçons apprises et les meilleures pratiques pour vous aider à intégrer l'IA de manière fluide dans vos opérations de marketing et de vente.

Alors que nous clôturons ce chapitre qui a exploré en profondeur les opportunités de l'IA dans le domaine du marketing et des ventes, préparez-vous à plonger dans le chapitre suivant, qui vous guidera à travers le passionnant voyage de la monétisation de vos connaissances en ligne, dévoilant comment vous pouvez transformer votre expertise en une source de revenus solide et évolutive.

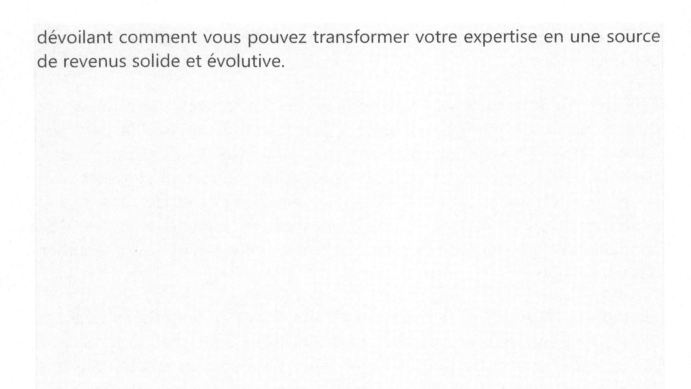

Monétiser vos Connaissances en Ligne

Section 1 : Comment les Plateformes d'Apprentissage en Ligne et les Cours Basés sur l'IA Permettent de Gagner de l'Argent en Partageant vos Compétences

À l'ère numérique actuelle, la transmission de connaissances n'a jamais été aussi accessible, que ce soit pour les formateurs chevronnés, les experts émergents ou simplement les passionnés désireux de partager leur savoir-faire. Les plateformes d'apprentissage en ligne, propulsées par l'intelligence artificielle, ont créé un espace florissant où le partage de compétences peut se traduire par une source de revenus lucratifs, tout en permettant aux apprenants de se former selon leur propre rythme.

Le Pouvoir des Plateformes d'Apprentissage en Ligne : Les plateformes d'apprentissage en ligne, telles que Udemy, Coursera et Teachable, ont révolutionné la manière dont l'éducation est dispensée. Grâce à l'intégration de l'IA, elles offrent une expérience personnalisée aux apprenants, en recommandant des cours en fonction de leurs intérêts et de leurs compétences actuelles. En tant qu'instructeur, cela signifie que vous pouvez atteindre un public mondial, partager vos connaissances spécifiques et toucher des personnes qui recherchent activement ce que vous avez à offrir.

Créer des Cours en Ligne : La création de cours en ligne est devenue une opportunité lucrative pour les experts dans divers domaines. Que vous soyez un développeur de logiciels, un artiste graphique, un spécialiste du marketing ou un coach de vie, il y a un public avide d'apprendre ce que vous maîtrisez. Avec des outils conviviaux, vous pouvez structurer vos connaissances en modules attrayants, intégrer des vidéos, des quiz et des exercices interactifs, le tout guidé par l'IA pour optimiser l'apprentissage.

Le Modèle de Génération de Revenus : Les plateformes d'apprentissage en ligne offrent différents modèles de génération de revenus. Vous pouvez choisir de vendre vos cours à un prix fixe, de les offrir sous forme d'abonnement, ou même de proposer des cours gratuits pour attirer un public plus large. Grâce à l'IA, vous pouvez également ajuster vos prix en fonction des données d'engagement et d'achèvement des cours, maximisant ainsi votre rentabilité tout en restant compétitif.

Les Avantages de l'IA dans l'Apprentissage : L'intelligence artificielle apporte une dimension nouvelle et enrichissante à l'apprentissage en ligne. Les systèmes d'IA peuvent suivre la progression des étudiants, identifier les domaines où ils ont besoin d'aide et recommander des ressources pertinentes. Les évaluations automatisées permettent des retours instantanés, tandis que la personnalisation de l'expérience d'apprentissage garantit que chaque étudiant tire le meilleur parti de votre cours.

Les Considérations Éthiques : Bien que les plateformes d'apprentissage en ligne offrent des avantages considérables, il est important de maintenir des normes éthiques élevées. Assurez-vous que vos cours sont de haute qualité, que vos informations sont précises et que vous respectez les droits d'auteur et la confidentialité. L'IA peut aider à identifier les comportements académiques déloyaux, ce qui contribue à maintenir l'intégrité de votre cours.

Dans cet ebook, nous explorerons en profondeur comment vous pouvez tirer parti de ces plateformes d'apprentissage en ligne, en partageant vos compétences avec le monde tout en générant des revenus substantiels. À travers des exemples concrets, des conseils pratiques et des ressources, nous vous guiderons à travers le processus de création et de promotion de vos cours en ligne, tout en soulignant les opportunités réelles et les défis potentiels liés à cette approche.

Dans la section suivante, nous plongerons dans les détails de la création de contenu premium, montrant comment l'IA peut vous aider à produire du matériel de haute qualité qui captive l'attention de votre public cible.

Section 2 : Comment Créer et Promouvoir des Cours en Ligne Axés sur l'IA

Le monde de l'éducation en ligne évolue rapidement, offrant des opportunités infinies pour les experts et les passionnés de partager leurs connaissances tout en générant des revenus substantiels. L'intégration de l'IA dans la création et la promotion de cours en ligne a ouvert de nouvelles possibilités pour atteindre un public mondial et offrir une expérience d'apprentissage exceptionnelle.

Identifier votre Niche : Avant de créer un cours en ligne, identifiez votre créneau. Quelle est votre expertise ? Quelles compétences spécifiques pouvez-vous partager avec le monde ? Que recherchent les apprenants en ligne dans votre domaine ? L'IA peut vous aider à analyser les tendances du marché et à identifier les sujets qui sont en demande, vous permettant ainsi de choisir une niche pertinente et recherchée.

Structurer votre Cours avec l'IA : Lors de la création de votre cours, utilisez l'IA pour optimiser sa structure et son contenu. L'IA peut analyser les préférences des apprenants et recommander la séquence optimale des modules. De plus, elle peut identifier les concepts qui nécessitent une explication plus approfondie et ceux qui peuvent être abordés plus rapidement. Une structure bien conçue maximise l'engagement et la rétention des apprenants.

Contenu de Qualité Supérieure : L'IA peut également vous aider à créer du contenu de haute qualité. Les outils de rédaction assistée par l'IA peuvent vous aider à générer des descriptions de cours convaincantes, des articles de blog, des ressources complémentaires et même des quiz. Cela vous permet de concentrer votre temps sur la création de contenu unique et de grande valeur pour vos apprenants.

Engager les Apprenants avec l'IA : L'engagement est essentiel dans un cours en ligne réussi. L'IA peut contribuer à maintenir les apprenants engagés en offrant des retours instantanés sur leurs performances, en proposant des questions de révision et en fournissant des recommandations pour approfondir leur compréhension. Elle peut également surveiller les taux d'achèvement et aider à identifier les zones où les apprenants pourraient avoir besoin de plus de soutien.

Promotion de votre Cours : Une fois votre cours créé, la promotion est cruciale pour attirer des apprenants. Utilisez les stratégies de marketing en ligne, telles que les médias sociaux, le marketing par e-mail et la publicité payante, pour faire connaître votre cours. L'IA peut vous aider à cibler précisément votre public, à optimiser vos campagnes publicitaires et à suivre les performances en temps réel.

Gérer les Commentaires et les Retours : L'IA peut également vous aider à gérer les commentaires et les retours des apprenants. Suivre les commentaires et les évaluations vous permet de comprendre ce qui fonctionne bien et ce qui peut être amélioré. L'IA peut également suggérer des ajustements à votre cours en fonction des retours des apprenants, garantissant ainsi une expérience toujours optimale.

En tirant parti de l'IA dans la création et la promotion de vos cours en ligne, vous pouvez non seulement générer des revenus, mais aussi offrir une expérience d'apprentissage exceptionnelle qui résonne avec vos apprenants. Dans cet ebook, nous avons exploré les bases de la monétisation de vos connaissances en ligne grâce à l'IA, mais la clé du succès réside dans la mise en pratique. Continuez à explorer, à apprendre et à évoluer dans cet environnement dynamique, en créant des cours qui bénéficient aux autres tout en enrichissant votre parcours financier.

Alors que nous clôturons ce chapitre consacré à la monétisation de vos connaissances en ligne, préparez-vous à plonger dans un domaine passionnant et en constante évolution. Dans le prochain chapitre intitulé 'Trading Automatisé et Investissement', nous explorerons comment l'intelligence artificielle révolutionne le monde du trading et de l'investissement, offrant de nouvelles opportunités pour maximiser vos gains financiers grâce à des stratégies automatisées et éclairées par les données.

Trading Automatisé et Investissement

Section 1 : L'Utilisation de l'IA pour l'Analyse des Marchés Financiers et la Prise de Décision en Matière d'Investissement

Dans le monde en constante évolution des marchés financiers, la rapidité et la précision des décisions d'investissement peuvent faire la différence entre le succès et la stagnation. L'intelligence artificielle s'est rapidement imposée comme un outil inestimable pour les investisseurs et les traders, en permettant une analyse approfondie des données et des tendances, ainsi qu'une prise de décision éclairée dans des délais extrêmement courts.

L'IA et l'Analyse des Données Financières : L'IA a révolutionné la manière dont les données financières sont analysées. Elle peut traiter d'énormes volumes de données en un temps record, identifiant des modèles complexes et des tendances subtiles. Cela permet aux investisseurs de mieux comprendre les mouvements des marchés, les comportements des actifs et les signaux potentiels pour des opportunités d'achat ou de vente.

Prenons l'exemple d'une plateforme d'analyse financière basée sur l'IA telle que AlphaSense. Cette plateforme utilise l'IA pour parcourir et analyser automatiquement une multitude de sources de données, y compris les actualités, les rapports financiers et les discours des dirigeants. Elle peut identifier rapidement les informations clés qui pourraient influencer les marchés, fournissant ainsi aux investisseurs une vue d'ensemble complète.

Prédiction des Tendances : L'IA est également utilisée pour prédire les tendances futures des marchés. En analysant les données historiques et en prenant en compte les facteurs macroéconomiques, sociaux et politiques, l'IA peut fournir des prédictions sur la direction probable des prix des actifs. Bien que ces prédictions ne soient pas infaillibles, elles fournissent des informations précieuses pour aider les investisseurs à élaborer des stratégies basées sur des probabilités.

Un exemple concret est l'utilisation de l'IA pour prédire les mouvements des prix des actions. Des entreprises telles que Kensho ont développé des algorithmes d'IA capables de prendre en compte un large éventail de facteurs, tels que les données économiques, les événements politiques et les tendances historiques, pour prédire les fluctuations des prix. Les investisseurs peuvent alors utiliser ces prédictions pour ajuster leurs portefeuilles en conséquence.

Prise de Décision Assistée par l'IA : L'IA aide les investisseurs à prendre des décisions éclairées en fournissant des analyses et des recommandations basées sur des données objectives. Les algorithmes d'apprentissage automatique peuvent identifier les meilleures options d'investissement en fonction des objectifs, des contraintes de risque et des préférences de l'investisseur. Cette assistance permet de minimiser les décisions impulsives et d'adopter une approche plus réfléchie.

Imaginez un outil d'aide à la décision pour les traders qui évalue en temps réel des milliers d'indicateurs et de signaux pour recommander des actions spécifiques. Des entreprises comme Sentient AI développent de telles solutions basées sur l'IA. En combinant des données historiques et en temps réel, ces outils peuvent fournir des conseils éclairés aux traders, contribuant ainsi à des décisions plus éclairées.

Trading Algorithmique : L'utilisation de l'IA dans le trading algorithmique est devenue monnaie courante. Les traders créent des algorithmes qui exécutent automatiquement des transactions en fonction de signaux préétablis. Ces algorithmes peuvent être configurés pour exploiter rapidement les opportunités sur les marchés et pour gérer les risques de manière proactive. L'IA optimise ces algorithmes au fil du temps en fonction des données en temps réel.

Un exemple emblématique de trading algorithmique est le trading à haute fréquence (THF). Les algorithmes d'IA peuvent exécuter des milliers de transactions en une fraction de seconde en réagissant à des conditions spécifiques du marché. Cela peut être utilisé pour exploiter de petites fluctuations de prix et réaliser des bénéfices. Cependant, il est crucial de surveiller ces algorithmes en permanence pour éviter des erreurs coûteuses.

Gestion de Portefeuille Améliorée : Les gestionnaires de portefeuille utilisent également l'IA pour surveiller et gérer leurs portefeuilles de manière plus efficace. L'IA peut ajuster automatiquement la composition du portefeuille en fonction des conditions du marché et des objectifs de l'investisseur. Elle peut également aider à identifier les actifs surperformants et sous-performants, ce qui contribue à une gestion plus proactive et à de meilleurs rendements.

Le gestionnaire de portefeuille numérique Wealthfront utilise l'IA pour personnaliser les portefeuilles en fonction des objectifs et des préférences de l'investisseur. L'IA ajuste automatiquement la répartition des actifs pour maximiser les rendements tout en gérant les risques. Cela permet aux investisseurs de bénéficier d'une gestion de portefeuille professionnelle sans frais élevés.

Alors que nous continuons à explorer le domaine passionnant du trading automatisé et de l'investissement soutenu par l'IA, il est essentiel de garder à l'esprit que chaque opportunité apporte son lot de défis. Dans la prochaine section intitulée 'Mise en Garde contre les Risques et Encouragement à une Approche Équilibrée', nous aborderons ces risques et vous guiderons sur la manière d'adopter une perspective équilibrée et éclairée tout en tirant parti de la puissance de l'IA dans le monde financier.

Section 2 : Mise en Garde contre les Risques et Encouragement à une Approche Équilibrée

L'intégration de l'intelligence artificielle dans le trading et l'investissement a ouvert de nouvelles perspectives et opportunités, mais elle n'est pas sans risques. Comme toute approche financière, il est essentiel de comprendre les défis potentiels et d'adopter une approche équilibrée pour maximiser les avantages tout en minimisant les risques.

Risques du Trading Automatisé : Lorsque vous utilisez des algorithmes d'IA pour le trading automatisé, il existe des risques inhérents. Les marchés financiers sont influencés par de nombreux facteurs imprévisibles, et même les algorithmes les plus sophistiqués peuvent ne pas toujours anticiper les fluctuations soudaines. Les mouvements extrêmes peuvent causer des pertes considérables en un laps de temps très court.

Sur-Optimisation : Un défi majeur dans l'utilisation de l'IA pour le trading est la sur-optimisation. Cela se produit lorsque les algorithmes sont ajustés de manière excessive pour s'adapter aux données historiques, mais ils peuvent ne pas fonctionner aussi bien sur de nouvelles données. Cela peut conduire à des résultats décevants une fois que le système est mis en pratique.

Biais de Sélection : Les décisions basées sur des données historiques peuvent être affectées par des biais de sélection. Si l'IA est formée sur une période spécifique de données, elle peut ne pas être aussi précise lorsque les conditions du marché changent. Il est important de s'assurer que les modèles d'IA sont continuellement mis à jour pour refléter les évolutions du marché.

Volatilité des Marchés : L'IA peut être très efficace dans des conditions de marché stables, mais elle peut avoir du mal à gérer la volatilité extrême ou les situations de crise. Lorsque les marchés deviennent imprévisibles, les algorithmes peuvent réagir de manière excessive ou inattendue, entraînant des pertes importantes.

Approche Équilibrée : Pour maximiser les avantages de l'IA dans le trading et l'investissement, il est crucial d'adopter une approche équilibrée. Comprenez que l'IA n'est qu'un outil, et non une garantie de succès. Combinez l'analyse automatisée avec votre propre compréhension des marchés et vos compétences en matière de prise de décision. Diversifiez votre portefeuille pour réduire les risques spécifiques à une stratégie.

Gestion du Risque : Une gestion du risque solide est essentielle. Établissez des limites de perte et de profit pour chaque transaction et suivez-les rigoureusement. Ne misez jamais plus que ce que vous pouvez vous permettre de perdre. Considérez également l'utilisation de l'IA pour évaluer les scénarios de risque et pour ajuster automatiquement vos positions en fonction des fluctuations du marché.

Éducation Continue : La compréhension est votre meilleur atout. Continuez à vous éduquer sur les marchés financiers, les tendances économiques et l'évolution de l'IA. En restant informé, vous pouvez mieux naviguer dans un environnement en constante évolution et prendre des décisions plus éclairées.

Dans cette section, nous avons mis en évidence les risques associés à l'utilisation de l'IA dans le trading et l'investissement. L'objectif n'est pas de vous décourager, mais plutôt de vous fournir une vision complète pour prendre des décisions éclairées. Dans le prochain chapitre, nous aborderons une approche différente, celle de la création de contenu en ligne pour générer des revenus, en utilisant l'IA pour créer et diffuser du matériel de haute qualité.

Création de Contenu Automatisée

Section 1 : Comment l'IA peut être Utilisée pour Générer du Contenu Écrit, des Vidéos et des Graphiques

L'intelligence artificielle a révolutionné la façon dont le contenu est créé et diffusé. Grâce à des avancées majeures dans le domaine du traitement du langage naturel (NLP), de la vision par ordinateur et de l'apprentissage automatique, il est désormais possible de générer du contenu écrit, des vidéos et même des graphiques de manière automatisée. Cette évolution ouvre de nouvelles perspectives pour les créateurs de contenu, les marketeurs et les entrepreneurs, leur permettant d'accroître leur portée et leur engagement.

Génération de Contenu Écrit : L'IA peut être utilisée pour générer une variété de contenus écrits, allant des articles de blog aux descriptions de produits. Par exemple, la plateforme "GPT-3" peut produire des articles informatifs, des résumés, des critiques de produits et bien plus encore. Les utilisateurs fournissent simplement une brève description de ce qu'ils souhaitent, et l'IA crée un contenu cohérent et fluide.

Exemple Concret : Imaginons que vous dirigiez une entreprise de voyage et que vous souhaitiez créer des descriptions attrayantes pour les destinations touristiques. En utilisant une IA comme "GPT-3", vous pouvez fournir des informations sur la destination, les attractions populaires et le style de voyage que vous souhaitez promouvoir. L'IA pourrait alors générer des descriptions détaillées qui captivent l'imaginaire de vos clients potentiels.

Création de Vidéos Automatisées : L'IA peut également être utilisée pour créer des vidéos automatisées à partir de clips, d'images et de contenu textuel. Des outils comme Lumen5 peuvent transformer automatiquement des articles de blog en vidéos avec des animations, des images et des sous-titres. Cela permet de repurposer facilement le contenu et d'atteindre un public plus large sur les plateformes vidéo.

Exemple Concret : Supposons que vous souhaitiez promouvoir un nouveau produit ou un service. Vous pourriez utiliser Lumen5 pour prendre le contenu de votre article de blog expliquant les avantages du produit et le transformer en une vidéo captivante avec des animations visuelles et des textes explicatifs. Cela donne à votre public une manière visuelle et attrayante de comprendre vos offres.

Génération de Graphiques et d'Infographies : L'IA peut simplifier la création de graphiques et d'infographies en transformant les données brutes en visuels attrayants. Des outils comme Visme utilisent des modèles prédéfinis et des algorithmes d'IA pour transformer des données complexes en graphiques faciles à comprendre. Cela est particulièrement utile pour la présentation de données dans des rapports ou des présentations.

Exemple Concret : Supposons que vous deviez présenter des données de vente mensuelles à vos investisseurs. En utilisant un outil comme Visme, vous pourriez simplement importer vos données et choisir un modèle de graphique adapté. L'IA ajuste automatiquement les axes, les échelles et les couleurs pour produire un graphique professionnel et convaincant.

En intégrant l'IA dans le processus de création de contenu, vous pouvez économiser du temps tout en maintenant un haut niveau de qualité. Cependant, il est important de garder à l'esprit que l'automatisation ne peut pas remplacer complètement la créativité et l'authenticité humaines. Dans les sections suivantes de cet ebook, nous explorerons comment maximiser les avantages de la création de contenu automatisée tout en préservant l'essence de votre message et en créant des connexions authentiques avec votre public.

Dans la prochaine section, nous plongerons dans les avantages et les limites de l'utilisation de l'IA pour la création de contenu visuel et écrit.

Section 2 : Les Avantages et les Limites de la Création de Contenu Automatisée

L'intelligence artificielle a apporté une nouvelle dimension à la création de contenu en automatisant certaines parties du processus. Toutefois, comme toute technologie, elle présente à la fois des avantages et des limites. Comprendre ces éléments est essentiel pour tirer parti de la création de contenu automatisée de manière judicieuse.

Avantages de la Création de Contenu Automatisée :

1. **Efficacité et Gain de Temps :** L'automatisation permet de produire du contenu en un temps record. Les articles, vidéos et graphiques peuvent être générés rapidement, libérant ainsi du temps pour d'autres tâches créatives et stratégiques.
2. **Consistance :** Les algorithmes d'IA maintiennent une cohérence dans le ton, le style et la structure du contenu, garantissant une expérience uniforme pour le public.
3. **Repurposing Facile :** La création automatisée permet de transformer un type de contenu en un autre. Par exemple, un article peut être transformé en une vidéo ou une infographie, élargissant ainsi l'audience potentielle.
4. **Réduction des Coûts :** La création automatisée peut être plus économique à long terme par rapport à l'embauche de créateurs humains pour chaque pièce de contenu.

Limites de la Création de Contenu Automatisée :

1. **Manque de Créativité et d'Authenticité :** Les algorithmes manquent de la créativité humaine et ne peuvent pas toujours saisir les subtilités émotionnelles qui font la force d'un contenu authentique.
2. **Personnalisation Limitée :** Bien que l'IA puisse personnaliser en fonction des données disponibles, elle ne peut pas comprendre les besoins individuels de chaque membre du public de manière aussi précise qu'un créateur humain.
3. **Qualité Variable :** La qualité du contenu généré peut varier en fonction de la plateforme d'IA utilisée et des instructions fournies. Certaines révisions peuvent être nécessaires pour obtenir le résultat souhaité.

4. **Risque de Plagiat :** Lorsque l'IA génère du contenu à partir d'une grande quantité de données, il existe un risque de créer involontairement du contenu similaire à d'autres sources existantes.

Stratégies pour Maximiser les Avantages :

1. **Personnalisation :** Utilisez l'IA pour automatiser les tâches répétitives, mais ajoutez votre touche personnelle pour la personnalisation. Ajoutez des anecdotes, des opinions et des exemples spécifiques pour créer un contenu unique.
2. **Surveillance et Révision :** Ne publiez pas le contenu généré par l'IA sans vérification. Faites preuve de diligence en relisant et en révisant le contenu pour vous assurer qu'il reflète vos normes de qualité.
3. **Mélange d'Approches :** Combinez la création automatisée avec la création humaine. Créez du contenu automatisé pour gagner du temps, mais conservez également des créations humaines pour apporter une touche authentique et créative.

En intégrant l'IA dans votre processus de création de contenu, vous pouvez bénéficier de l'efficacité et de la cohérence tout en maintenant l'authenticité et la créativité qui résonnent avec votre public. Comprendre les avantages et les limites de la création automatisée vous aidera à prendre des décisions éclairées sur la manière de maximiser ses avantages tout en atténuant ses limitations.

Entrepreneuriat et Démarrage d'Entreprise

Section 1 : Les Opportunités Offertes par l'IA pour Développer de Nouvelles Idées Commerciales et Améliorer les Processus Opérationnels

Dans le monde de l'entrepreneuriat en constante évolution, l'intelligence artificielle ouvre la voie à un nouveau niveau de créativité, d'efficacité et d'innovation. Que vous soyez un fondateur de startup ou que vous envisagiez de lancer votre propre entreprise, l'intégration de l'IA peut vous permettre de développer de nouvelles idées commerciales, d'améliorer les processus opérationnels existants et de gagner un avantage concurrentiel significatif.

Idéation et Développement d'Idées : L'IA peut agir comme un générateur d'idées puissant. Des algorithmes d'apprentissage automatique peuvent analyser d'énormes ensembles de données pour identifier les tendances émergentes, les besoins du marché et les lacunes dans les offres actuelles. Par exemple, l'IA peut analyser les discussions en ligne et les commentaires des clients pour déceler des opportunités non exploitées.

Exemple Concret : Imaginez que vous envisagez de lancer une entreprise dans le domaine de la santé. L'IA peut analyser les forums en ligne, les réseaux sociaux et les blogs pour identifier les préoccupations et les questions fréquemment exprimées par les patients. En utilisant ces informations, vous pourriez développer une application ou un service qui répond directement aux besoins non satisfaits de ce marché.

Amélioration des Processus Opérationnels : L'IA peut transformer la manière dont les entreprises fonctionnent au quotidien. Les processus opérationnels peuvent être automatisés, rationalisés et optimisés grâce à des algorithmes d'apprentissage automatique. Cela peut conduire à des gains d'efficacité, à la réduction des coûts et à l'amélioration de la qualité.

Exemple Concret : Supposons que vous gérez une entreprise de logistique. L'IA peut être utilisée pour optimiser les itinéraires de livraison en fonction des conditions de circulation en temps réel, minimisant ainsi les temps d'attente et les coûts de carburant. De plus, l'IA peut anticiper les pannes potentielles des véhicules, permettant une maintenance préventive.

Personnalisation de l'Expérience Client : L'IA peut aider les entrepreneurs à offrir une expérience client plus personnalisée. En analysant les données client, l'IA peut anticiper les préférences individuelles, recommander des produits pertinents et personnaliser les offres et les promotions.

Exemple Concret : Prenons l'exemple d'une boutique en ligne de vêtements. En utilisant l'IA, vous pourriez analyser les achats précédents, les préférences de style et les tailles des clients. Sur cette base, vous pourriez offrir des recommandations de produits spécifiques à chaque client lors de leurs visites ultérieures, augmentant ainsi les chances de ventes.

En intégrant l'IA dans votre processus d'entrepreneuriat, vous pouvez découvrir de nouvelles opportunités, optimiser vos opérations et offrir une expérience client plus personnalisée. Cependant, il est important de noter que l'IA n'est pas une solution magique. Elle nécessite une compréhension solide et une planification appropriée pour être intégrée de manière réussie dans une entreprise. La prochaine section, intitulée 'Conseils pour Démarrer une Entreprise Centrée sur l'IA', vous guidera à travers les étapes essentielles pour créer et lancer une entreprise qui exploite pleinement le potentiel de l'intelligence artificielle. Vous découvrirez des conseils pratiques, des meilleures pratiques et des stratégies pour bâtir une entreprise solide et novatrice dans le paysage en constante évolution de l'IA.

Section 2 : Conseils pour Démarrer une Entreprise Centrée sur l'IA

Démarrer une entreprise centrée sur l'intelligence artificielle est une opportunité passionnante, mais cela demande une planification méticuleuse et une exécution réfléchie. Voici les étapes essentielles pour créer et lancer une entreprise qui exploite pleinement le potentiel de l'IA, ainsi que des conseils pratiques, des meilleures pratiques et des stratégies pour bâtir une entreprise solide et novatrice dans le paysage en constante évolution de l'IA.

Étapes Essentielles :

1. **Identification de l'Opportunité :** Commencez par identifier une opportunité commerciale claire où l'IA peut apporter une valeur ajoutée significative. Cela pourrait être la résolution d'un problème existant ou la création d'un nouveau produit ou service.
2. **Recherche et Analyse :** Effectuez une recherche approfondie sur le marché, les concurrents et les tendances actuelles de l'IA. Analysez les besoins du marché et les lacunes à combler.
3. **Développement de l'Idée :** Transformez votre idée en un concept solide. Définissez les caractéristiques, les fonctionnalités et les avantages clés de votre produit ou service basé sur l'IA.
4. **Conception et Prototypage :** Créez un prototype de votre produit ou service. Cela peut être un modèle fonctionnel qui démontre comment l'IA résout le problème ou apporte la valeur que vous avez identifiée.
5. **Tests et Validation :** Testez votre prototype auprès de votre public cible. Recueillez des commentaires et apportez des améliorations en fonction des retours obtenus.
6. **Développement Technique :** Une fois que vous avez validé votre concept, passez à la phase de développement technique. Engagez des développeurs spécialisés en IA pour construire la solution.
7. **Stratégie de Lancement :** Planifiez le lancement de votre produit ou service. Identifiez les canaux de distribution, les partenariats potentiels et la stratégie de marketing.

Conseils Pratiques :

- **Comprendre Vos Forces :** Identifiez vos compétences en IA et vos points forts. Cela vous aidera à déterminer comment vous pouvez différencier votre entreprise sur le marché.

- **Collaborer avec des Experts :** L'IA est un domaine complexe. Collaborez avec des experts en IA pour vous assurer que votre produit ou service est technologiquement solide.

Meilleures Pratiques :

- **Restez Agile :** Le paysage de l'IA évolue rapidement. Soyez prêt à ajuster votre approche en fonction des nouvelles avancées technologiques.
- **Faites Preuve d'Éthique :** L'IA soulève des questions éthiques. Assurez-vous que vos solutions respectent la vie privée, la transparence et les valeurs morales.

Stratégies pour Bâtir une Entreprise Solide :

- **Focalisation sur la Formation :** Investissez dans la formation continue de votre équipe pour rester à jour avec les dernières avancées en IA.
- **Création d'un Réseau :** Établissez des partenariats et des collaborations avec d'autres entreprises et experts en IA pour bénéficier de connaissances et de ressources complémentaires.
- **Innovation Continue :** Ne vous reposez pas sur vos lauriers une fois que votre entreprise est lancée. Poursuivez l'innovation pour rester compétitif.

En suivant ces étapes, conseils et meilleures pratiques, vous pouvez bâtir une entreprise centrée sur l'IA qui est prête à prospérer dans le monde en constante évolution de la technologie. En gardant à l'esprit les opportunités uniques de l'IA et en restant attentif aux besoins du marché, vous pouvez créer une entreprise novatrice et axée sur la valeur qui répond aux défis et aux besoins actuels.

Perspectives d'Avenir et Éthique

Des Tendances Émergentes en Matière d'IA et des Implications Éthiques Associées à son Utilisation pour Générer des Revenus

Alors que nous explorons les opportunités et les avantages de l'utilisation de l'intelligence artificielle pour générer des revenus, il est crucial de prendre en compte les tendances émergentes qui façonnent le paysage de l'IA et les implications éthiques qui en découlent. L'IA évolue à un rythme rapide, ouvrant de nouvelles voies pour les entrepreneurs et les entreprises tout en soulevant des questions complexes en matière d'éthique et de responsabilité.

Tendances Émergentes en Matière d'IA :

1. **IA dans la Santé :** L'IA révolutionne le domaine de la santé, de la découverte de médicaments à la personnalisation des soins médicaux. Les systèmes d'IA sont capables de diagnostiquer des maladies, de prédire des épidémies et de faciliter la recherche médicale.
2. **IA Conversationnelle :** Les assistants virtuels et les chatbots alimentés par l'IA prennent de l'ampleur, offrant des interactions plus naturelles entre les humains et les machines. Les entreprises utilisent ces technologies pour améliorer le service client et la communication avec les clients.
3. **IA dans l'Industrie :** L'automatisation industrielle et la maintenance prédictive sont renforcées par l'IA. Les machines intelligentes peuvent

anticiper les pannes et optimiser les processus de production, réduisant ainsi les coûts et les temps d'arrêt.

Implications Éthiques Associées à l'Utilisation de l'IA pour Générer des Revenus :

1. **Vie Privée et Données :** L'utilisation de l'IA pour collecter, analyser et exploiter les données des utilisateurs soulève des préoccupations sur la vie privée et la sécurité des données. Les entreprises doivent garantir une gestion responsable et transparente des données.
2. **Biais Algorithmiques :** Les algorithmes d'IA peuvent refléter les biais humains présents dans les données utilisées pour les former. Cela peut conduire à des décisions discriminatoires et injustes, nécessitant une surveillance et une correction continues.
3. **Automatisation et Emploi :** L'automatisation alimentée par l'IA peut remplacer certains emplois, ce qui soulève des questions sur la requalification des travailleurs et la création de nouvelles opportunités d'emploi.
4. **Responsabilité des Décisions :** Les systèmes d'IA prennent des décisions autonomes, ce qui soulève la question de la responsabilité en cas d'erreur ou de conséquences négatives.
5. **Créativité et Authenticité :** L'utilisation de l'IA pour générer du contenu soulève des questions sur la créativité authentique et la propriété intellectuelle.

Stratégies pour Aborder les Implications Éthiques :

- **Transparence :** Soyez transparent dans la manière dont l'IA est utilisée et comment les décisions sont prises.
- **Évaluation Continue :** Surveillez régulièrement les impacts de l'IA et ajustez les modèles pour réduire les biais et les erreurs.
- **Formation et Sensibilisation :** Éduquez votre équipe et vos clients sur les implications éthiques de l'IA pour encourager une utilisation responsable.

Alors que l'IA continue de remodeler notre monde et de créer de nouvelles opportunités de revenus, il est impératif que les entrepreneurs et les entreprises intègrent une réflexion éthique approfondie dans leurs stratégies. En équilibrant les avantages de l'IA avec une approche responsable et éthique, nous pouvons construire un avenir où l'innovation technologique coexiste harmonieusement avec les valeurs humaines.

Cette section met en évidence les tendances clés en matière d'IA et souligne l'importance cruciale d'aborder les implications éthiques pour assurer un développement durable et éthique de l'IA dans le contexte des revenus et des opportunités commerciales.

Conclusion
Saisir les Opportunités de l'IA pour Gagner de l'Argent

À travers ce voyage passionnant à travers les possibilités offertes par l'intelligence artificielle pour générer des revenus, nous avons exploré les multiples facettes de ce domaine en constante évolution. De la création de contenu automatisée à l'entrepreneuriat centré sur l'IA, nous avons découvert comment l'IA peut transformer les entreprises et ouvrir de nouvelles voies vers la réussite financière.

Nous avons vu comment l'IA peut optimiser les campagnes marketing, automatiser les processus opérationnels, et améliorer l'expérience client, tout en renforçant la créativité et l'efficacité de l'entrepreneuriat moderne. De plus, nous avons examiné comment l'IA peut être utilisée pour l'analyse financière, le trading automatisé et même la création de contenu dynamique.

Chacun de nous possède des compétences et des intérêts uniques. C'est pourquoi il est important de souligner que les opportunités offertes par l'IA sont vastes et variées. Que vous soyez passionné par la technologie, le marketing, la finance, la créativité ou tout autre domaine, il existe une place pour vous dans le monde en constante évolution de l'IA.

Alors que nous clôturons cette exploration, nous vous encourageons à vous lancer dans cette aventure avec confiance. Explorez les domaines qui correspondent à vos compétences et à vos intérêts. Prenez le temps d'apprendre et de vous former, car l'IA demande une compréhension approfondie. Soyez audacieux dans vos expérimentations et persévérez face aux défis.

L'IA ne se contente pas de changer la manière dont nous générons des revenus, elle redéfinit notre monde professionnel tout entier. En gardant à l'esprit les opportunités passionnantes et les défis éthiques qui l'accompagnent, nous pouvons façonner un avenir où la technologie et l'humanité convergent harmonieusement.

Merci de vous être embarqué dans ce voyage avec nous. L'avenir est prometteur et les opportunités sont infinies. À vous de saisir les opportunités de l'IA pour gagner de l'argent, transformer votre carrière et contribuer à un monde de progrès et de succès.

Printed by Amazon Italia Logistica S.r.l.
Torrazza Piemonte (TO), Italy